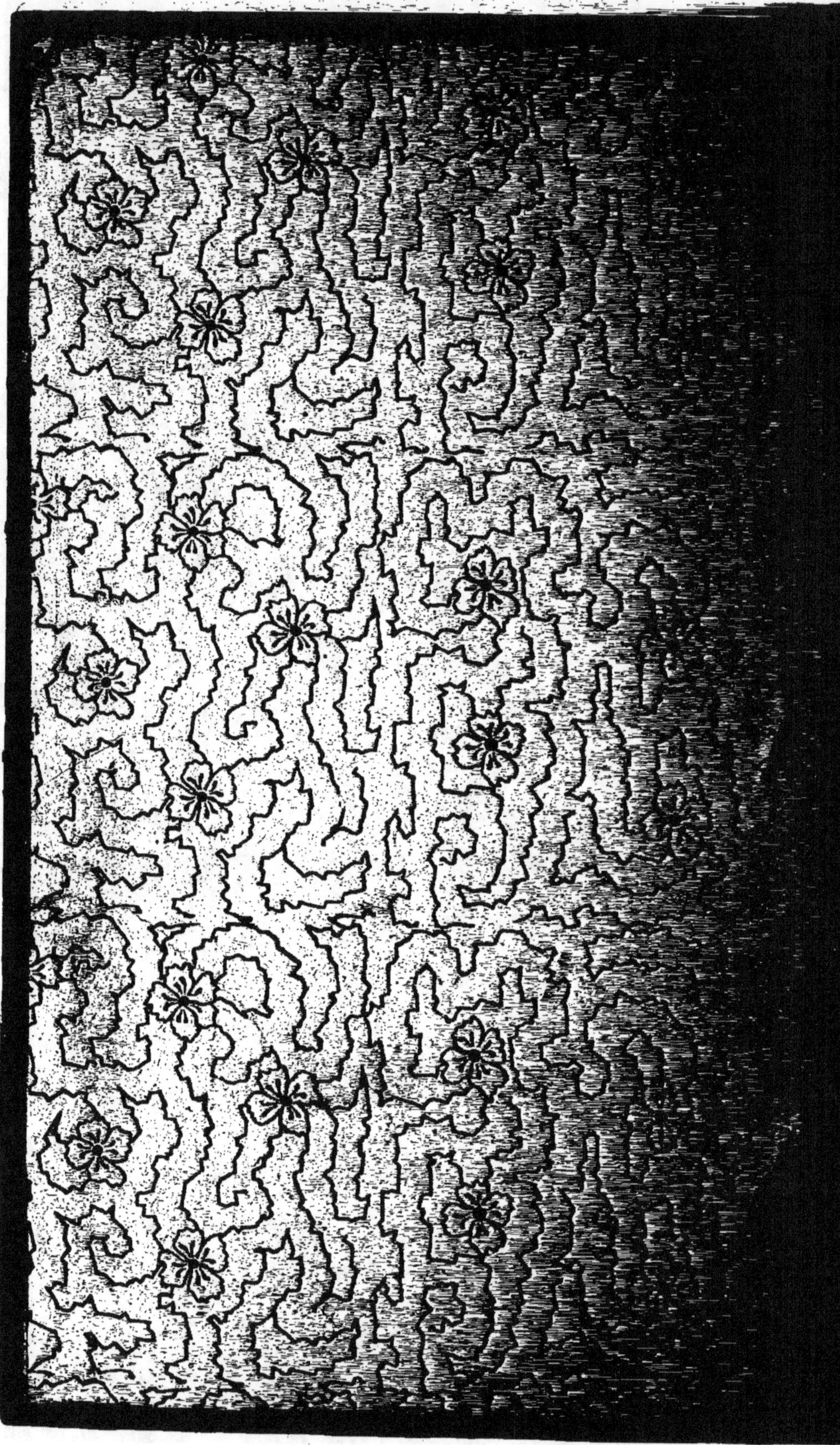

LE
COMTE D'ANGOULÊME,

ou

LE SIÉGE DE GÊNES.

PERSONNAGES.

Le Cte D'ANGOULÊME, depuis FRANÇOIS Ier. M. Alphonse.
Le chevalier BAYARD. . . . . M. Thénard.
Le C^e de FIESQUE, gouverneur de Gênes. . M. Bocage.
JACQUES DE BOURBON . . .
DE LA TRÉMOUILLE. . .
RÉNÉ D'ANJOU. . . . . . . officiers de la suite du prince.
Le comte DE PENTHIÈVRE.
Le capitaine MAUGERON.
UN PAGE. . . . . Mlle Brohan.
JEAN MAROT, poète de la cour. . . . . . . M. Chazel.
UN ASTROLOGUE . . . . M. Lafargue.
ANTONIO, fermier, amant de Maria. . . . . M. Samson.
MARIA, jeune villageoise, sa fiancée. . . . . Mlle Anaïs.
VICTOIRE, vivandière. . . . . Mlle Milen.
UN OFFICIER. . . . . M. Théodore.
ECUYERS, SOLDATS, PEUPLE.

La scène se passe devant Gênes au premier acte,
et dans la ville au second.

LE
COMTE D'ANGOULÊME,

OU

LE SIÉGE DE GÊNES,

COMÉDIE HÉROÏQUE EN DEUX ACTES,

MÊLÉE DE CHANT.

PAR MM. GENTIL, FULGENCE, LEDOUX,
ET RAMOND-DE-LA-CROISETTE.

*Représentée pour la première fois sur le second Théâtre-Français,
en décembre 1823.*

PRIX : 1 fr. 50 c.

A PARIS,

CHEZ MARTINET, LIBRAIRE,

RUE DU COQ-SAINT-HONORÉ.

LE
COMTE D'ANGOULÊME,

OU

LE SIÉGE DE GÊNES,

COMÉDIE HÉROÏQUE EN DEUX ACTES,

MÊLÉE DE CHANT

ACTE PREMIER.

Le théâtre représente une portion de terrain sur laquelle on s'est battu la veille ; la tente du prince est à droite du spectateur ; on voit des canons et tout l'attirail de la guerre.

SCÈNE Iʳᵉ.

LE COMTE D'ANGOULÊME (il est endormi au milieu de ses soldats), UN OFFICIER ET DES SOLDATS (endormis aussi autour du prince), JEAN MAROT (il est assis sur un banc auprès de la tente du prince ; il est également endormi, et tient ses tablettes à la main).

L'OFFICIER. (Il s'éveille et voit le prince.)

QUE vois-je ? le comte d'Angoulême endormi au milieu de nous ! (A voix basse.) Mes amis, aux armes ! (Les soldats s'éveillent.) Voyez !...

TOUS.

Le général!

L'OFFICIER, les groupant autour de lui.

Chut! silence!

UN SOLDAT.

Ma foi, il doit avoir besoin de repos : la journée d'hier a été bonne.

L'OFFICIER.

AIR : Dormez donc, mes chères amours.

Autour du prince rangez-vous,
Ah! de sa confiance en nous,
Quel cœur ne serait pas jaloux?
Qu'avec respect on environne,
Ce digne appui de la couronne!
Ah! puisqu'il veille sur nos jours,
Amis, sur lui veillons toujours.

CHŒUR.

Ah! puisqu'il veille, etc.

(Les soldats prennent leurs fusils et forment le cercle autour du prince; à peine sont-ils rangés que le canon se fait entendre. Le prince s'éveille ainsi que Marot; lorsque le comte est éveillé les troupes lui présentent les armes.)

LE COMTE D'ANGOULÊME.

Le canon! il nous réveille bien tard aujourd'hui.

MAROT, se frottant les yeux.

Bien tard! il aurait pu me laisser dormir quelques heures de plus.

LE COMTE D'ANGOULÊME.

Je n'ai jamais mieux reposé.

UN OFFICIER.

Et si près de l'ennemi, Monseigneur?

LE COMTE D'ANGOULÊME.

N'étais-je pas au milieu de vous?

SCÈNE II.

LES PRÉCÉDENS, UN OFFICIER.

L'OFFICIER.

Monseigneur...

LE COMTE D'ANGOULÊME.

Eh bien?

L'OFFICIER.

Les Génois persistent dans leur défense, et viennent
de recommencer les hostilités.

LE COMTE D'ANGOULÊME, vivement.

Ils refusent d'ouvrir leurs portes!... Messieurs, ce
soir, nous coucherons à Gênes. (A l'officier) Suivez-moi.

(Il sort, et entre dans sa tente.)

SCÈNE III.

(Après le départ du prince, les soldats mettent leurs armes en faisceaux ; les uns se mettent à jouer, les autres à boire, etc.)

MAROT et des SOLDATS.

MAROT.

Le prince dit que nous coucherons ce soir à Gênes. Ah ! ça, mais je suis bien en retard, moi, chargé par notre bon roi Louis XII d'être l'historien de cette campagne : je ne suis encore qu'aux pieds des Alpes : il est vrai que je comptais un peu sur la difficulté du terrain. On nous avait dit que nous serions si mal reçus, et pas du tout, vivent les Français, vive le roi de France, et puis des fleurs, du vin, des ennemis avec lesquels il faut toujours trinquer, des petites femmes jolies comme des anges... En vérité, Monseigneur, vous me donnez trop de besogne et vous ne ménagez pas assez le pauvre Jean Marot.

AIR *de l'Opéra Comique.*

Je dois aujourd'hui des Français,
Retracer les exploits sublimes,
Mais ils comptent plus de succès,
Que je ne compte encor de rimes ;
Le prince qui si promptement
Bat l'ennemi de poste en poste,
Prend mon Pégase assurément
Pour un cheval de poste.

(*Feuilletant ses tablettes.*) Nous disons donc que j'en suis au

passage des Alpes... (Passant des feuillets.) Laissons du blanc...
Nous couchons ce soir à Gênes : le prince l'a dit ; il
tiendra parole, et dès demain les fêtes de toute espèce.
Des devises, des couplets ; allons, Jean Marot, tu n'as
pas de tems à perdre. Ainsi, plus de distraction, plus
de vieilles bouteilles, plus de jeunes et jolis minois.
(Il aperçoit deux jeunes filles.) Ah ! morbleu ! qu'est-ce que je
vois là ? je crois que j'ai fait mon plan de réforme un
peu trop tôt !

SCÈNE IV.

MAROT, VICTOIRE, MARIA.

VICTOIRE, entraînant Maria.

AIR : *Vive le vin de Ramponeau.*

Allons
Ne fait's pas tant d'façons ;
D'une fille
Gentille
Tant que Victoire sera là,
L'honneur jamais ne risquera
Çà ! (portant le pouce à sa bouche.)
Un jeune et joli minois,
Met en train nos grivois,
Mais d'vant moi faut qu'on s'taise.
D'nos lurons n'ayez pas peur,
J'vous l'dis sur mon honneur,
J'connais l'armée française !...

Allons ; etc.

MAROT, à part.

Vive Dieu! elle est vraiment charmante. (Haut.) Puis-je faire quelque chose pour votre service, ma belle enfant?

VICTOIRE, se mettant entre eux.

Doucement, doucement; passez par ici. (A Maria.) Celui-là, je ne vous en répondrais pas.

MARIA.

Oh! je n'ai pas peur de monsieur.

VICTOIRE.

Non; mais c'est que, voyez-vous… enfin, suffit.

MAROT.

Comment, comment Victoire, est-ce que tu as jamais eu à te plaindre de moi?

VICTOIRE.

Non, vous êtes seulement un prometteur, et v'là tout.

MAROT.

Un prometteur!

VICTOIRE.

Oh! je n'ai pas oublié que l'jour d'une certaine fête, vous m'aviez promis quatre couplets et que vous n'm'en avez fait qu'un.

MAROT.

Qu'un, qu'un… Au surplus ce n'est pas de cela qu'il s'agit… Que désirez-vous, jeune fille?

MARIA.

Monsieur, je voudrais parler au prince.

MAROT.

Ah! rien que cela!

VICTOIRE, d'un air important.

Pas davantage!

MAROT.

Et peut-on savoir?...

MARIA.

Non, monsieur...

VICTOIRE, de même.

Parce que, voyez-vous.., nous avons des motifs.

MARIA, à Victoire.

Mais, je ne crois pas vous avoir dit....

VICTOIRE.

Non, mais j'ai tout deviné... Une jeune fille, dans un camp, qui prend un air de mystère et qui demande à parler au généralissime, non, ça ne sent pas la réparation... Allons donc, est-ce qu'on n's'y connaît pas!...

MAROT, à Maria.

Eh bien! mon enfant, je respecte votre secret, et je me charge de vous présenter moi-même.

SCÈNE V.

LES PRÉCÉDENS, UN PAGE.

LE PAGE.

Monseigneur demande le poète de la cour.

MAROT, contrarié.

Parbleu, Monseigneur prend bien son tems.

LE PAGE, à part.

Ah ! la gentille personne !

MAROT, au page.

Passez devant, je vous suis...

LE PAGE, regardant Maria.

Au contraire, je reste ici pour mon service...

MAROT, à part.

Son service ! Diable de page. (En sortant.) Allons, c'est pourtant dommage, mais je ne tarderai pas à revenir. (Il sort en courant.)

SCÈNE VI.

LE PAGE, VICTOIRE, MARIA.

VICTOIRE, à Maria, lui montrant le page.

T'nez, ce petit monsieur là, c'est un page de Monseigneur ; il pourra arranger votre affaire. Vot' servante, monsieur Alfred... ; je vous présente une jeune personne qui voudrait parler à son altesse.

LE PAGE.

C'est donc pour une affaire de la plus grande importance ?

VICTOIRE.

Oh ! on ne peut pas plus conséquente !

LE PAGE, à Maria.

Voyons, expliquez-moi....

VICTOIRE.

V'là c'que c'est : J'étais en faction aux avant-postes, quand j'aperçois c'te jeune fille dans les blés ; j'lui dis, dit-il, qu'est-ce que vous faites là ? Elle m'dit, dit-elle, le chemin du camp, s'il vous plaît ? quel camp ? le camp français, qu'elle m'dit. Vous ne pouvez pas mieux vous adresser, que j'lui dis, car j'm'en y va... (On entend la trompette.) Ah ! jarni, voilà qui m'concerne, c'est la garde du camp qu'on relève ; y faut qu' j'aille faire mon service... Pardon, mon enfant, si j'vous laisse, c'est que si je n'étais pas là....

LE PAGE.

Oh ! Victoire est un personnage important !

VICTOIRE.

N'vous moquez pas, m'sieu l'page, y a plus d'une bataille ousqu'on n'a pas commencé sans moi.

AIR : *Au feu, au feu.*

Au feu, au feu, au feu,
Drès qu'la trompette l'appelle,
Pour un soldat fidèle,
     Aller au feu
     N'est qu'un jeu.
Faut-il se mettre en route,
Je lui verse la goutte,
Et l'espoir d'un laurier,
Soudain l'fait s'écrier :
     Au feu, etc.

Faut–il prendre un' redoute ,
Je redouble la goutte ;
Il dit en la buvant :
Bayonnette en avant !
     Au feu , etc.

Pour mett'. tout en déroute
Gar' la troisième goutte,
Et chacun sans effroi,
Dit au cri d'*viv' le Roi* !
Au feu , au feu, au feu,
Drès qu'la trompette l'appelle,
Pour un soldat fidèle ,
     Aller au feu
     N'est qu'un jeu.

                 (Elle sort en courant.)

SCÈNE VII.

LE PAGE, MARIA.

LE PAGE.

(A part). Dieu merci, nous sommes seuls ! (Haut.) Vous dites donc, la jeune fille, que vous désirez parler au prince ?

MARIA.

Pas précisément, mais j'ai une lettre à lui remettre.

LE PAGE.

On ne pouvait choisir un plus joli messager.

MARIA, faisant la révérence.

Monsieur est bien poli.

LE PAGE.

Air : *Restez, restez, troupe jolie.*

Gentil courrier qui ne se montre
Sans faire naître le désir,
Trop heureux qui ne le rencontre
Que sur la route du plaisir !
Au devant de lui le cœur vole,
Pour lui les chemins sont fleuris...
Un tel courrier, sur ma parole,
Me ferait voir bien du pays.

MARIA.

J'sais bien que tout ce que vous me dites là, c'n'est qu'des complimens.

LE PAGE, hypocritement.

Des complimens! je les déteste... Oh! je ne suis pas de ces gens qui parlent autrement qu'ils ne pensent.

MARIA.

On assure que c'est précisément là c'que disent tous ceux qui veulent tromper.

LE PAGE.

Il y a des exceptions, et j'en suis une.

MARIA.

Je ne dis pas que non, mais malgré ça...

LE PAGE.

Et pour vous prouver ma bonne foi, je vais vous apprendre la manière dont on s'y prend pour tromper les jeunes filles.

MARIA.

Vraiment! oh! vous me ferez bien plaisir, ça me servira pour me tenir en garde....

LE PAGE.

Ecoutez-moi.

MARIA.

Me voilà tout oreilles *.

LE PAGE.

Je suis le séducteur.

MARIA, effrayée.

Vous êtes?...

LE PAGE.

C'est une supposition.

MARIA.

Ah! j'entends.

LE PAGE.

Je vous dis : rien n'est plus joli que vous.

MARIA.

Vous êtes bien honnête! Que faut-il répondre?

LE PAGE.

Rien, je tombe à vos genoux. (Il y tombe.)

MARIA.

Que faut-il faire?

---

* Cette scène est mise entièrement en duo, et peut être jouée en supprimant celle-ci depuis la réplique de Maria. Le duo est joint à la fin de cette pièce.

LE PAGE.

Rien encore, je vous regarde de l'œil le plus amoureux.

MARIA.

Moi je détourne les miens.

LE PAGE.

Oh! non, vous me priveriez d'un trop grand plaisir.

MARIA, embarrassée.

Ah ça mais, je n'y suis plus ; est-ce vous qui me parlez ou bien le monsieur?

LE PAGE.

C'est toujours le séducteur, cela s'entend.

MARIA.

Ah ! bon.

LE PAGE.

Je vous prends la main, je la baise avec feu.
(Il la baise.)

MARIA.

Faut-il me fâcher ?

LE PAGE.

Non, mon enfant, mais si je voulais vous prendre un baiser plus doux, comme celui-ci, par exemple.
(Il l'embrasse.)

MARIA.

Oh! alors je me défendrais !

LE PAGE.

Oui, car cela pourrait tirer à conséquence.

MARIA.

Voyez-vous la ruse des hommes ! Ah ! mónsieur le page , que je vous ai d'obligations !

LE PAGE.

Si vous voulez une seconde leçon....

MARIA.

C'n'est pas de refus , mais un autre jour. Ah ! voilà donc comme ces messieurs s'y prennent ! Ah ben qu'ils y viennent à présent , celui qui m'embrassera sera bien habile.

LE PAGE, à part en riant.

Oh ! j'en réponds !

SCÈNE VIII.

LE PAGE, MARIA, et MAROT.

(Marot annonce par un geste l'intention de prendre sa revanche avec le page.)

MAROT, au moment où le page va baiser la main de Maria.

Monseigneur demande son page. (A part, riant.) Chacun son tour.

LE PAGE, à part.

Maudit importun ! (A Maria.) Adieu, charmante petite, n'oubliez rien de ce que je vous ai dit.

MARIA.

Oh ! soyez tranquille.....

(Le page lui baise la main, et sort.)

MAROT, *le regardant aller.*

Le voilà parti. (*Il va à Maria et veut lui prendre la main.*) Je puis donc à la fin vous dire.... (*On entend du bruit.*) Allons, voilà le chevalier Bayard!

SCÈNE IX.

LES PRÉCÉDENS, LE CHEV^{er} BAYARD.

(*Marot sort, va et vient pendant cette scène; il a ses tablettes à la main.*)

BAYARD.

Est-ce vous, ma belle enfant, qui désirez parler au prince?

MARIA.

Oui, monsieur l'officier. (*Bas.*) C'est une lettre que j'ai à lui remettre en secret.

BAYARD.

En secret? vous êtes de ce pays?

MARIA.

Je suis des environs de Gênes.

BAYARD.

Fort bien.... Votre nom?

MARIA.

Maria, pour vous servir.

BAYARD.

Comment se fait-il que vous soyez chargée....

MARIA.

Ah! c'est une histoire. Faut qu'vous sachiez d'abord qu'il y a un jeune homme de notre endroit, le fermier Antonio, qui me fréquente.

BAYARD.

Ah ! ah !

MARIA.

Oui, mais pour le bon motif!

BAYARD, souriant.

C'est bien ce que je pensais....

MARIA.

Et, même sans le siége de Gênes, nous serions déjà mariés ; mais comme ce n'est pas le moment de s'divertir, not'mariage est remis jusqu'à la paix ; ainsi vous pensez si je désirons que tout ça finisse. (Elle soupire.)

BAYARD, à part, riant.

Elle est ingénue !

MARIA.

Mais ça ne sera pas long, d'après ce que nous a dit M. l'astrologue de la ville.

BAYARD.

L'astrologue?

MARIA.

Oui, vraiment : c'est un savant celui-là ! qui nous prédit tout ce qui nous arrive...., et d'avance encore!...

BAYARD.

Mais je ne vois pas quel rapport ceci peut avoir....

MARIA.

M'y voici, monsieur l'officier : faut vous dire que j'va tous les jours vendre mon lait à la ville, et que j'm'en r'tourne cheux nous après la vente ; à c'matin, comme j'allions me r'mettre en route, un beau monsieur s'en est envenu à moi et m'a dit : Jeune fille, es-tu capable de te charger d'une lettre? — Ben volontiers, monsieur, que j'lui fis, pourvu qu'ça n'soit pas pour faire du mal à quelqu'un. — Au contraire, mon enfant, m'fit-il, c'est pour faire du bien à beaucoup d'monde, et, par suite, à toi-même. — Oh! en c'cas là... — Et, si la lettre est remise à son adresse aujourd'hui, je me charge de te marier. — Ben obligée, mosieu, que j'lui dis ; mais j'ai c'qui m'faut. — Tu es mariée ? — Pas encore, mais je le serai à la paix. — Eh bien! si tu t'acquittes exactement de ta commission, tu seras peut être cause que la paix sera faite dans vingt-quatre heures, et alors je me charge de ta dot. — C'n'est pas de r'fus, mais ousqu'il faudra porter ça? — Au camp français ; l'habitude que l'on a de te voir entrer et sortir tous les jours empêchera qu'on ne te remarque ; surtout de la promptitude et de la discrétion! — Oh! de la discrétion!.. Là dessus, y m'dit adieu, à demain, à la même heure ; l'mosieu disparaît, j'mets la lettre dans mon pôt au lait, l'pôt au lait sur ma tête ; je passe la porte sans qu'on fasse attention à moi, j'tourne les remparts, j'traverse les blés *(prenant la lettre dans son pôt au lait)*, et nous v'là, moi et la lettre. *(Elle la remet à Bayard.)*

2

BAYARD.

C'est très-bien... Vous nous verriez donc avec plaisir entrer dans Gênes ?

MARIA.

J'vous en réponds, monsieur l'officier, et je ne suis pas la seule...

BAYARD.

Non ?

MARIA.

AIR *de Préville et Taconnet.*

Ne s'rait-on pas heureux de la présence,
D'un prince qu'on dit et si juste et si bon !
Dont les vertus nous r'trac'ce Roi de France,
Qui d'pèr du peuple a mérité l'surnom !

BAYARD.

Pour ses sujets c'est moins un roi qu'un père,
Pas un Français qui n'adore Louis !
Ah ! ce monarque a beau faire la guerre,
Jamais son cœur ne connaît d'ennemis !

(Lisant la suscription de la lettre.)

Pour monseigneur le comte d'Angoulême ! Je cours sur-le-champ la lui porter.

MARIA.

Monsieur l'officier, est-c'qu'il y aura une réponse ?

BAYARD.

Peut-être. (A Marot, qui est rentré). Jean Marot, veuillez tenir compagnie à cette jeune fille, et veillez à ce qu'elle soit respectée.

(Il entre dans la tente du prince.)

SCÈNE X.

MAROT et MARIA.

MAROT.

Le chevalier Bayard ne pouvait me donner une
mission qui me fût plus agréable ; charmante....

SCÈNE XI.

LES PRÉCÉDENS, ANTONIO (se débattant au milieu de plusieurs soldats).

ANTONIO.

Mais quand j'vous dis que je n'suis pas c'que vous
croyez !... m'prendre pour un !..... je n'ose pas seulement le dire !... quand je ne suis purement et simple-
ment qu'un amoureux !...

MARIA.

Qu'est-c'que j'vois donc là ? Antonio entre les mains
des soldats ! que va-t-il dire s'il m'aperçoit ici, lui
qu'est jaloux d'son ombre ! avec ça qu'je n'peux pas
lui conter. (Elle se met un peu à l'écart)

ANTONIO, aux soldats.

Ah ça ! voulez-vous m'lâcher, pour qu'jaille parler
au prince.

LES SOLDATS, riant.

Au prince?.. Ah! ah! ah! ah!

ANTONIO.

Oui, au prince.... J'connaissons l'ordonnance du

bon Roi Louis XII, qui veut qu'on respecte les laboureurs, et j'veux être respecté!..... j'veux qu'on me r'trouve ma fiancée!.... et je suis bien sûr qu'on me la fera rendre!...

MAROT, à Antonio.

Eh! que t'a-t-on fait pour te mettre si fort en colère?

ANTONIO.

C'qu'on m'a fait? figurez-vous que, comme j'allais courir après elle, une vingtaine d'enragés d'hommes d'armes....

MAROT.

L'auraient-ils manqué?

ANTONIO.

Non, corbleu, ils ne m'ont pas manqué..., ben du contraire...., ils ont seulement mis à sec une barrique de mon meilleur vin....

LES SOLDATS.

L'grand malheur!....

ANTONIO.

Il est vrai qui m'ont payé comme de grands seigneurs...... et de grands seigneurs qui payent ben mieux!.....

MAROT.

Alors, de quoi te plains-tu?

ANTONIO.

Je me plains de ce qu'ils m'ont vexé.

MAROT.

Et comment?

ANTONIO.

Ils n'mont pas tant seulement offert de trinquer avec
eux, et c'était à la santé du Roi, encore! c'est qu'j'y
aurais bu tout d'même, et de bon cœur oui!...

MAROT.

Tu es donc des nôtres?

ANTONIO.

J'crois bien!...; mais je voyons qu'c'est parc'que
j'suis un paysan qu'ils n'ont pas voulu trinquer avec
moi.... Un paysan, corbleu!

AIR : *La robe et les bottes.*

Ah! quel que soit le métier que l'on fasse,
Chacun de nous est utile à l'état ;
Avec honneur quand il sait t'nir sa place,
Le paysan ne l'cède pas au soldat !
Le roi l'a dit, c'te parole chérie
Au fond du cœur j'ons su l'apprécier :
Si le soldat est l'soutien d'la patrie,
Le laboureur en est l'pèr nourrissier !

MAROT, à part.

Le drôle n'est pas sot !

ANTONIO, apercevant Maria.

Ah bien! qu'est-c'que j'vois donc là? Comment...,
c'est vous, mamselle? Ah! comme c'est beau !

MAROT, à Maria.

Vous voilà en pays de connaissance, à ce qu'il me
paraît.

MARIA.

Monsieur, c'est mon futur.

MAROT.

Ah! c'est le futur!... (A Antonio). Ecoute, mon garçon, je me charge de ton affaire, Monseigneur a bien autre chose à penser que de s'occuper de ton vin; crois-moi, retourne chez toi.

ANTONIO.

Non pas, non pas, s'il vous plait, j'reste ici, et pour cause, d'abord mamselle vous allez m'dire pourquoi qu'vous êtes dans l'camp.

MARIA.

Non, par'c'que c'est un secret.

ANTONIO.

Pour moi?

MARIA.

Pour tout l'monde.

ANTONIO.

Eh ben, j'veux l'savoir.

MARIA.

Vous n'le saurez pas.

ANTONIO.

Alors vous allez v'nir avec moi.

MARIA.

Pas possible.

ANTONIO.

Et pourquoi, s'il vous plait?

MARIA.

J'attends quelqu'un.

ANTONIO.

V'là c'que je voulais savoir! hé ben, j'reste ici, je l'verrai c'lui qu'vous attendez, et j'lui dirai son fait!

MAROT.

C'est cela, mon garçon, je te le conseille, dis-lui son fait!... est-ce que tu serais jaloux?

ANTONIO.

Non, il n'y a pas d'quoi.

MAROT.

Que peut-elle craindre ici?

ANTONIO.

Ah! mon dieu, rien du tout, au milieu de quarante mille hommes... Fi, mamselle, qu'j'aurais d'honte.

AIR : *Il n'est pas d'étroit séjour.*

Eh quoi! n'rougissez-vous pas
D'être au milieu des soldats!
De ce pas (*bis.*)
Suivez-moi.....

MARIA.

Çà n'se peut pas.

ANTONIO.

De cette conduite-là
Dans l'village on jasera,
On rira,
Après çà,
Vous épous'ra
Qui voudra!

MARIA.

Ce langage (*bis.*)
Me fâche autant qu'il m'outrage ,
Et j'enrage ,
Oui j'enrage
D'un pareil soupçon ;
Mais plus sage ,
Je le gage ,
Antonio c'soir au village ,
Oh ! oui, je le gage ,
Me d'mandra pardon !

ANTONIO.

Eh ! quoi n'rougissez–vous pas
D'être au milieu des soldats !
Point d'éclats , (*bis.*)
A l'instant suivez mes pas , etc.

MARIA.

Non, non , je n'en rougis pas ,
Et malgré ces grands éclats ,
Je n'veux pas ,
Je n'peux pas ,
En c'moment suivre vos pas.
De cette conduite–là
Partout on m'applaudira ,
Et Maria
Trouvera
Sans vous qui l'épousera !

MAROT , à Maria.

Allons, ne l'écoutez pas ,
Moquez–vous de ses éclats ,
N'allez pas , (*bis.*)
Mon enfant, suivre ses pas.
Ah ! croyez–moi, restez là ;

Grâces à ce minois-là,
    Maria
        Trouvera
Bientôt qui l'épousera.

(On entend battre aux champs.)

SCÈNE XII.

LES PRÉCÉDENS, LE COMTE D'ANGOULÊME, BAYARD, LA TRÉMOUILLE, JACQUES DE BOURBON, RÉNÉ D'ANJOU, LE COMTE DE PENTHIÈVRE, LE CAPITAINE MAUGERON, etc.

MAROT.

C'est le prince; silence !

(Antonio et Maria se tiennent à l'écart.)

LE COMTE D'ANGOULÊME, une lettre à la main.

Chevalier Bayard, tout est-il prêt pour la revue que je vais passer de mes troupes ?

BAYARD.

Oui, Monseigneur : le camp est sous les armes.

LE COMTE D'ANGOULÊME, apercevant Maria.

Est-ce la jeune fille qui m'a apporté ce message ?

BAYARD.

Oui, mon prince.

ANTONIO, bas à Maria.

Comment, c'était le prince qu't'attendait ?

MARIA.

Oui. Dis-lui donc son fait.

LE COMTE D'ANGOULÈME.

Je lui sais gré de ce trait de courage et de fidélité ;
il ne restera pas sans récompense. (Il fait signe de les éloigner.)
Qu'on nous laisse. (Marot, Antonio et Maria se retirent.)

ANTONIO, à Maria, en sortant.

Pardonne-moi, ma p'tite Maria.

MARIA, faisant la fière.

C'est bon, c'est bon ; nous verrons ça plus tard.

SCÈNE XIII.

LE COMTE D'ANGOULÊME, LA TRÉMOUILLE, BAYARD, JACQUES DE BOURBON, RÉNÉ D'ANJOU, LE COMTE DE PENTHIÈVRE, LE CAPITAINE MAUGERON, etc.

LE COMTE D'ANGOULÊME, à ses officiers.

Chevalier Bayard, Jacques de Bourbon, et vous,
La Trémouille, le moment approche où vous allez
vous distinguer encore le brave et malheureux gouverneur de Gênes me fait parvenir un avis secret sur
lequel j'ai besoin des conseils de votre prudence avant
d'employer le secours de vos bras. Ecoutez, Messieurs :
« Le fidèle gouverneur de Gênes se trouve heureux,
au sein de la captivité, de pouvoir donner à votre altesse royale un avis qui doit rendre au roi tous ses
droits sur la ville de Gênes : des renseignemens certains m'ont appris que les vivres commencent à man-

quer aux révoltés, mais que l'on signale plusieurs na-
vires destinés à ravitailler la place. Votre altesse n'a
donc pas un moment à perdre : les esprits sont bien
disposés, et si elle juge à propos de donner l'assaut
aujourd'hui même, Gênes aura demain le bonheur de
rentrer sous l'autorité paternelle du meilleur des rois.»

Signé COMTE DE FIESQUE.

Les malheureux! me réduire à cette extrémité!

AIR : *En amour comme en amitié.*

De l'amour du bien enflammé,
Qu'un prince éprouve de contrainte,
Quand faisant tout pour être aimé,
On le force à punir pour inspirer la crainte!
Quand je vois ces sujets ingrats
Qu'il serait doux à ma tendresse,
Au lieu d'armer une main vengeresse,
De pouvoir leur ouvrir mes bras!

Messieurs, quel est votre avis sur cette lettre ?
Parlez, Jacques de Bourbon.

JACQUES DE BOURBON.

Prince, votre altesse doit recevoir des renforts; il
serait peut-être plus prudent d'attendre qu'ils fussent
arrivés.

LE COMTE D'ANGOULÊME.

Et vous, La Trémouille ?

LA TRÉMOUILLE.

Prince, le comte de Fiesque est dans les fers; il n'a

pu juger par lui même ; son attachement à votre personne l'abuse peut-être sur la disposition des esprits.

LE COMTE D'ANGOULÊME.

Et vous, Bayard, que vous en semble ?

BAYARD.

Sur ma foi, Monseigneur, je ne saurais encore que vous en dire : il faut aller voir ce qui se passe là-bas, et s'il vous plaît de m'en donner l'ordre, devant qu'il soit deux heures, si je ne suis mort ou pris, vous en saurez des nouvelles.

LE COMTE D'ANGOULÊME.

Je le veux, car vous vous entendez en pareilles affaires.

BAYARD.

Je tâcherai de mériter la confiance de votre altesse.

LE COMTE D'ANGOULÊME.

Avec un second tel que Bayard, je suis assuré du succès. Chevalier, nous ne nous quitterons plus, et sur la brèche même...

Air du vaudevil e de Parti carrée (*Loin des grandeurs*).

Je me dirai : Du roi qui me contemple
L'œil paternel me suit dans les combats.
A ses sujets il sait donner l'exemple
    Et je le dois à mes soldats
Mon ame enfin de l'honneur seul éprise,
Comme sans peur sans reproche sera
Et de Bayard j'adopte la devie
    « Advienne que pourra. »

Que le feu commence sur toute la ligne ; dans un

quart-d'heure, le signal de l'assaut. Chevalier, je
vous charge d'y monter le premier.

BAYARD.

J'y serai, mon général.

LE COMTE D'ANGOULÊME.

Air : *Que n'avons-nous la verve heureuse ?*

On sait qu'en toute circonstance,
Je vous présente à mes amis,
Avec orgueil et confiance,
Mais surtout à mes ennemis.
Quand il s'agit de les combattre
A Bayard je dois tous mes plans,
Et quand j'ai juré de les battre,
C est Bayard qui tient mes sermens.

BAYARD.

Ah! mon prince, ai-je mérité tant de bonté!

LE COMTE D'ANGOULÊME.

Bayard, je me fais un devoir de vous rendre justice
devant ces nobles guerriers, et pour qu'on sache la
haute estime que je vous porte, je veux, avant de
voler au combat, être par vous armé chevalier en présence de l'armée.

BAYARD.

Oh! prince, une faveur si grande...

LE COMTE D'ANGOULÊME.

Est due au chevalier sans peur et sans reproche :
je vous l'ai déjà dit. (Le prince s'incline.)

BAYARD, tirant son épée.

O mon épée, quel honneur pour toi de donner
l'ordre de chevalerie à si noble et si vaillant prince !

(Le comte s'agenouille devant Bayard, qui lui passe son collier et lui
pose son épée sur la tête.)

AIR de Roland (*De mes travaux, chers compagnons.*)

Jeune héros, espoir des preux,
Noble soutien de la patrie,
Reçois ce titre glorieux,
Au nom de la chevalerie.
J'ose, ô mon Dieu ! t'en supplier,
Que ta bonté, que ta puissance,
Pour le bonheur de notre France
Garde les jours du chevalier !

CHŒUR.

J'ose, ô mon Dieu ! etc.

(Bayard lui donne l'accolade.)

LE COMTE se relevant, à ses officiers.

Messieurs, c'est sur les remparts de Gênes que je
veux gagner mes éperons et vous prouver que je connais les lois de la chevalerie.

AIR : Patrie, honneur (*Il a trahi ses sermens*).

Servir son Dieu, combattre pour son roi,
Savoir aimer et défendre sa dame,
De ses sermens savoir garder la foi,
Pour l'honneur seul sentir brûler son ame,
Vivre sans peur et mourir sans regrets
C'est le devoir d'un chevalier français.

CHŒUR.

Vivre sans peur, etc.

LE COMTE D'ANGOULÊME.

Deuxième couplet.

Sage au conseil, toujours prêt au combat,
Ardent et fier en courant à la gloire,
Être le père et l'ami du soldat,
Toujours modeste au sein de la victoire,
Faire aux vaincus oublier ses succès,
C'est le devoir d un chevalier français.

CHŒUR.

Faire aux vaincus, etc.

(La trompette se fait entendre, le canon gronde dans le lointain.)

BAYARD.

Voici le signal !

LE COMTE.

Français, à Gênes !

TOUS.

A Gênes !

LE COMTE.

AIR : *Entends-tu la trompette guerrière.*

Mes amis, la trompette guerrière (*bis.*)
Nous appelle (*ter*) dans la carrière,
Nous guidant au sein des hasards,
Que la gloire sur les remparts
Fasse flotter nos heureux étendarts.

TOUS.

Compagnons, la trompette guerrière, etc.

LE COMTE.

Le canon redouble; allons, camarades....

TOUS.

AIR : *Folie, folie, folie.*

Aux armes ! aux armes ! aux armes !
Que devant nous marche l'effroi !
Aux armes ! aux armes ! aux armes !
Vive le Roi ! vive le Roi !

LE COMTE D'ANGOULÊME.

Pour nous les combats ont des charmes,
Pour l'ennemi sont les alarmes ;
Enfans, vous êtes tous Français,
Ce nom seul répond du succès.

TOUS.

Aux armes ! aux armes, aux armes !
Que devant nous marche l'effroi !
Aux armes ! aux armes ! aux armes !
Vive le Roi ! vive le Roi !

(Les trompettes sonnent, le tambour bat aux champs, les troupes défilent,
la toile tombe.)

FIN DU PREMIER ACTE.

ACTE DEUXIÈME.

Le théâtre représente une place publique de Gênes; une es-
trade est disposée pour le prince au bas du trône du roi;
elle est ornée de drapeaux et de trophées. Des habitans
fidèles à la cause du roi sont occupés à placer des guirlandes et à répandre des fleurs; tout annonce les préparatifs d'une fête. L'orchestre a dû jouer un entre-acte
qui finit par l'air : *La victoire est à nous* (de *la Cara-
vane*). Au moment où l'on joue les premières mesures la
toile se lève.

———

SCÈNE Ire.

MAROT, LE PAGE, ANTONIO, MARIA ET VICTOIRE ; QUELQUES SOLDATS ET GÉNOIS.

(Marot veille aux préparatifs de la fête, et le page s'occupe à faire placer les
drapeaux.)

CHŒUR.

AIR : *La victoire est à nous.*

La victoire est à nous. (*bis.*)
Le vaillant d'Angoulême,
L'appui du diadème ,
Est notre exemple à tous !
La victoire est à nous. (*bis.*)

MAROT.

Allons, mes amis, ne perdons pas une minute pour
orner cette place ; c'est ici et auprès du trône, que

notre prince doit recevoir l'hommage des fidèles habitans de Gênes.

LE PAGE, à Marot.

Et notre projet de fête?

MAROT.

Est terminé, Dieu merci ; mais sans l'astrologue de
la ville qui m'a si bien secondé, je ne sais comment
je me serais tiré d'affaire.

LE PAGE, à des soldats.

Vous, camarades, suspendez ici ces drapeaux.

MAROT.

AIR :

Près du trône du roi de France
Formons un trophée en ce jour ;
S'il est le prix de la vaillance,
Qu'il soit le gage de l'amour.

CHŒUR.

Près du trône, etc.

MAROT.

AIR : *J'ai long-tems parcouru le monde.*

Ces drapeaux que votre courage
Sut enlever aux champs d'honneur,
Vous venez en faire l'hommage
Au prince pacificateur !
Au milieu des maux de la guerre
A son cœur si la gloire est chère,

C'est que pour lui chaque nouveau succès
Est un nouveau pas vers la paix.

CHŒUR.

Près du trône du roi de France
Formons un trophée en ce jour
S'il est le prix de la vaillance
Qu'il soit le gage de l'amour.

ANTONIO, à Maria et à Victoire.

Et nous ; mettons des guirlandes partout ! c'est sur
des fleurs que doivent marcher ceux qui nous rendent
le bonheur et la paix.

(On attache des guirlandes de fleurs.)

MARIA.

J'n'ai jamais travaillé avec plus de plaisir !

VICTOIRE.

Ah ! not'bon Roi, en France, y est accoutumé ! car,
chaque fois qu'on l'aperçoit, c'est un jour de fête !
Ah dame ! faut voir ça !

ANTONIO.

En fait d'amour, Gênes, aujourd'hui, saura riva-
liser avec Paris, n'est-ce pas ma p'tite Maria ?

MARIA.

Oh ! j'en réponds !

LE PAGE, à Maria.

Ah, petite espiègle ! vous ne m'aviez pas parlé de
ce gros joufflu-là.

MARIA.

Ça n'était pas nécessaire !

LE PAGE, bas, à Maria.

Quelque trompeur !.. Si vous aviez besoin d'une seconde leçon ?...

MARIA.

Merci !.. j'ai assez de la première.

ANTONIO, à Maria.

Ah ça ! quoi qu'y te marmotte donc comme ça à l'oreille ?

MARIA.

Rien, rien ; vas-tu r'commencer comme c'matin ? plus d'pardon d'abord !..

ANTONIO.

Allons, ne te fâche pas ! (A part.) Ce p'tit blond-là m'chiffonne, moi !

LE PAGE, caressant les jeunes filles.

Vive Dieu ! il y a de jolies filles dans ce pays-ci ! j'espère que le prince nous y laissera quelque tems.

MAROT.

Allons, enfans ! c'est bien, c'est très-bien ! à présent, livrez-vous à la joie.

ANTONIO.

C'est ça !

AIR : *Et zig et zog* (de Richard).

Amis, buvons, dansons
Au bruit des verres, des canons.
Chantons, chantons les succès
De Louis et des Français.

CHŒUR dansant.

Amis, buvons, dansons, etc.

MAROT, aux habitans.

Sur votre belle patrie,
De la discorde ennemie
Les maux s'étaient réunis ;
Mais le bonheur doit renaître
Lorsque vous voyez paraître
Le digne fils de Louis.

CHŒUR dansant en rond.

Amis, buvons, chantons, etc.

ANTONIO.

Grâce à la gaîté française
Nous rirons quoiqu'ça déplaise
A certains mauvais esprits ;
Plus de soucis, ni de peines,
Aujourd'hui la paix dans Gênes
Rentre à la voix de Louis.

CHŒUR.

Amis, buvons, chantons, etc.

VICTOIRE.

Viv'le roi, disait mon père,
Viv'le roi, disait ma mère,
Viv'le roi, moi, v'là c'que j'dis !
Qui n'aim'rait pas un' couronne
Quand j'vois la bonté sus l'trône
S'asseoir sous les traits d'Louis ?

CHŒUR.

Amis, buvons, dansons
Au bruit des verres, des canons ;
Chantons, chantons les succès
De Louis et des Français.

LE PAGE, près de Maria, lui serrant la main.

Ah! petite friponne!

MARIA.

Ahi!... vous me faites mal!

LE PAGE, relevant Maria.

Faut-il qu'une jolie main comme celle-là soit ré-
servée à un... (Il trouve la figure d'Antonio entre lui et Maria.) Qu'est-
ce que tu fais là?

ANTONIO.

Rien, c'est qu'je m'promène! (On entend le tambour dans
le lointain et l'air de la marche du siége de Lille.) Ah! mon Dieu!
qu'est-ce qu'on entend?

VICTOIRE.

AIR de la marche du siége de Lille.

Paix! ce sont les pas
De nos soldats,
Vite à mon poste
Pour bien fêter l'Roi!
L'méilleur, ma foi,
N'vaut rien sans moi.

TOUS.

Paix! j'entends les pas
De nos soldats,
Vite à not' poste;
Tout cœur d'bon aloi
S'fait une loi
D'fêter son Roi.

VICTOIRE.

A-t-il du chagrin?
Le verre en main
Bientôt j'l'accoste;
Est-il aux abois ?

Avec lui j'bois,
Il en vaut trois !
TOUS.
Paix ! j'entends les pas
De nos soldats,
Vite à not' poste ;
Tout cœur d'bon aloi
S'fait une loi
D'fêter son Roi.

SCÈNE II.

LES PRÉCÉDENS, (les troupes arrivent et forment le cercle autour de la place. Les troupes placées, des fanfares annoncent l'arrivée du Prince ;) LE COMTE D'ANGOULÊME, BAYARD, JACQUES DE BOURBON, DE LA TRÉMOUILLE, OFFICIERS de tous grades.

UN PAGE, annonçant.

Le Prince !

LE COMTE D'ANGOULÊME.

Messieurs, j'ai toujours eu la plus haute idée de votre courage, mais vous avez surpassé mes espérances. Les redoutes de l'ennemi ont été enlevées avec une intrépidité dont vous seuls pouviez donner l'exemple, et c'est à la vigueur de l'attaque du camp retranché que je dois la soumission qui vient de nous ouvrir les portes de Gênes ! Officiers et soldats, tous ont fait leur devoir.

AIR : *Suzon sortait de son village.*

En ce jour d'honneur et de gloire,
Ah ! je suis fier de leurs travaux ;

Des plus beaux tems de notre histoire
J'ai vu renaître les héros ;
Rien ne leur coûte :
Torrens, redoute,
Canons, climats,
Rien n'arrête leurs pas ;
Un cri s'élance :
Tout pour la France !
Tout pour le Roi !
Aucun n'est plus à soi ;
Ce cri qui rend leur bras terrible
Leur fait braver mille trépas.....
« Avec d'aussi vaillans soldats
Non rien n'est impossible ! »

Eh bien ! qu'en dites-vous, mes amis, êtes-vous contens de moi ?

BAYARD.

Non, mon prince !.... (Tout le monde regarde Bayard avec étonnement.)

LE COMTE D'ANGOULÊME.

Non ?...

BAYARD.

Vous vous êtes trop exposé !..... Si un malheureux boulet.....

LE COMTE D'ANGOULÊME.

Eh bien ! je serais mort en bonne compagnie ! d'ailleurs la fumée du canon m'empêchait d'apercevoir l'ennemi, et j'ai voulu le voir de près. Pouvais-je ne pas suivre l'exemple que le Roi m'a donné dans les champs d'Aignadel, lorsqu'il disait aux officiers qui lui reprochaient de se trop exposer : « Que ceux qui ont peur se mettent derrière moi. »

BAYARD.

Vive Dieu ! messieurs , quel exemple pour nous !

LE COMTE D'ANGOULÊME.

(A Bayard , lui tendant la main, que ce dernier saisit et baise.)

Quant à toi , mon digne ami , que pourrais-je avoir à te dire ?

AIR *du pot de fleurs.*

En ce moment , de mon silence
Garde-toi bien d'être surpris ;
De tes vertus , de ta vaillance
Ah ! je n'en sens pas moins le prix.
Sur Bayard quand je m'interroge ,
Mon cœur me répond aujourd'hui :
Comment peut—on louer celui
Dont le nom seul est un éloge ?

BAYARD.

Ah ! mon prince !

LE COMTE D'ANGOULÊME.

Chevalier Bayard , au nom du Roi , je vous donne une compagnie dans les hommes d'armes de sa majesté.

BAYARD.

Monseigneur, que de bontés !... Mais Bayard a-t-il besoin de récompense ?

LE COMTE D'ANGOULÊME.

Brave homme !

AIR *du vaudeville des Femmes officiers.*

Chaque jour de ta loyauté
Me donne une preuve nouvelle ,
De valeur et de fidélité
Est-il un plus parfait modèle ?

Je m'acquitte et ne donne pas
Quand j'en offre la récompense,
Et par ton cœur et par ton bras
Je suis toujours payé d'avance.

SCÈNE III.

LES PRÉCÉDENS, UN OFFICIER.

L'OFFICIER.

Monseigneur, le comte de Fiesque, se rendant aux ordres de votre altesse, demande la faveur de lui présenter les fidèles habitans de Gênes.

LE COMTE D'ANGOULÊME.

Oh! qu'il vienne, il ne peut être trop tôt près de moi.

SCÈNE IV.

LES PRÉCÉDENS, LE COMTE DE FIESQUE, HABITANS DE GÊNES.

(En arrivant, le comte de Fiesque se jette aux pieds du Prince qui le relève avec bonté.)

LE COMTE D'ANGOULÊME.

A mes pieds!.... Dans mes bras!.....

(Le comte lui baise la main.)

LE COMTE DE FIESQUE.

Ah! Prince, l'expression me manque pour vous peindre ma reconnaissance.

LE COMTE D'ANGOULÊME.

Votre reconnaissance? Ah! c'est moi, moi, mon

ami, qui ne puis assez faire pour vous récompenser de votre dévoûment et de tout ce que vous avez souffert.

LE COMTE DE FIESQUE.

AIR : *Muse des bois et des accords.*

D'un Roi si bon quand on défend la cause
Qu'est-ce, grand Dieu ! que la captivité ?
Avec l'honneur le lâche seul compose,
Est-il des fers pour la fidélité !
Des révoltés les fureurs étaient vaines,
Tout est bonheur pour qui garde sa foi !
Tranquille et libre au milieu de mes chaînes,
Mon cœur toujours était près de mon Roi !

LE COMTE D'ANGOULÊME, aux habitans.

Et vous aussi, Messieurs, vous avez été fidèles : pourquoi faut-il que tous les Génois n'aient pas suivi votre exemple !

LE COMTE DE FIESQUE.

Ah ! mon prince, j'avais osé espérer que la clémence.....

LE COMTE D'ANGOULÊME.

Comment, vous, leur victime, vous implorez leur grâce ?

LE COMTE DE FIESQUE.

Daignez, Monseigneur, vous rappeler l'ancienne fidélité de Gênes : elle bénissait alors le règne tutélaire de son roi ; elle le bénira encore, et rougira d'avoir pu se soustraire un instant à son autorité paternelle. Venez, mes amis, joindre vos prières aux miennes.

LE COMTE D'ANGOULÊME.

Ah! comte, que me demandez-vous!

LE COMTE DE FIESQUE.

Monseigneur, le roi, que ses sujets ont nommé le Père du peuple, ne repoussera pas des enfans égarés qui reviennent à lui. Je ne me trompe pas, votre bouche est prête à laisser échapper le pardon. Ne résistez pas au besoin de votre âme, entendez d'ici le concert de bénédictions de tout un peuple reconnaissant, et si mes faibles services.....

LE COMTE D'ANGOULÊME.

Ah! peut-on les oublier! Comte, c'est à votre dévoûment et à votre fidélité que les Génois devront leur pardon.

AIR : *Du verre.*

De l'honneur seul suivant les lois
Nul danger ne peut nous abattre,
Et nous fîmes voir aux Génois
Comment le Français sait se battre ;
Mais je veux que l'on dise aussi
Qu'en ces lieux on vit d'Angoulême
Le matin vaincre l'ennemi,
Et le soir se vaincre lui-même.

Mais surtout qu'ils n'oublient jamais que si la vertu des rois est la clémence, la vertu des peuples est la fidélité.

TOUT LE MONDE.

Vive le comte d'Angoulême! vive le roi!

CHŒUR.

AIR :

D'un prince objet de nos amours
L'ame bonne
Nous pardonne ;
Que de nos bras et de nos jours
Il dispose pour toujours.

LE COMTE D'ANGOULÊME.

Mes amis, je suis plus heureux que vous : il est si doux de pardonner! (Au comte de Fiesque.) Pour qu'il ne reste pas de trace du passé, chevalier Bayard, j'ordonne, au nom du roi, que l'on rende les drapeaux que mes soldats ont pris aux Génois dans cette campagne.

(On détache les drapeaux, qui sont remis à quatre vieux soldats.)

LE COMTE DE FIESQUE.

Ah ! mon prince, j'ose vous répondre qu'on ne les reverra plus qu'au chemin de l'honneur et de la fidélité.

BAYARD.

AIR : *Un page aimait la jeune Adèle.*

Génois, une main généreuse
Vous rend ces drapeaux glorieux,
Conquis par la vaillance heureuse
Sur le courage malheureux ;
Ah! puissent ces nobles bannières
Dès ce jour être pour jamais
Entre deux nations guerrières
Le sceau d'une éternelle paix !

LE COMTE D'ANGOULÊME.

Mais quel est cet homme dont le costume singulier...

LE COMTE DE FIESQUE.

Monseigneur, c'est celui qui, par ses grandes connaissances en astrologie, nous a prédit les succès de votre altesse royale, et dont l'influence a le plus contribué à faire rentrer une partie du peuple dans le devoir.

LE COMTE D'ANGOULÊME, à l'astrologue.

Je saurai reconnaître ton zèle ; mais je suis curieux d'éprouver ta science. Pourrais-tu me tirer mon horoscope ?

L'ASTROLOGUE.

Rien de plus aisé, Monseigneur.

AIR : *De la robe et les bottes.*

Quand par le vaillant d'Angoulême
Tant de lauriers furent conquis,
Des vertus d'un prince qu'elle aime
La France un jour acquittera le prix ;
Celui qui sut la rendre glorieuse
Comme soldat et comme chevalier,
Plus tard encor saura la rendre heureuse
Sous le nom de François premier.

LE COMTE D'ANGOULÊME.

Moi, je ferais un jour le bonheur de la France ! tu ne pouvais me faire une prédiction qui me fût plus agréable !

L'ASTROLOGUE.

Ah ! Monseigneur, l'approbation d'un aussi grand prince m'encourage et m'élève au dessus de moi-même, et si votre altesse daigne me permettre de soulever une partie du voile de l'avenir sur ses illustres successeurs, je défie la postérité de me démentir.

LE COMTE D'ANGOULÉME.

Il parle avec une assurance qui m'entraîne...... Je consens à l'entendre.

(Une musique militaire se fait entendre ; on voit paraître successivement les portraits de Henri IV, de Louis XIV et de Louis XVIII, entourés des grands hommes qui ont illustré leur règne. On entend l'air *Vive Henri IV*.)

LE COMTE D'ANGOULÊME, voyant le portrait de Henri IV.

Quels sont ces traits où la valeur est jointe à la bonté ?

L'ASTROLOGUE.

AIR : *Lison dormait dans un bocage.*

De ses sujets vainqueur et père,
Roi-troubadour Henri sera ;
Par ses vertus il saura plaire,
Qui le verra le chérira.
Au champ de Mars et près des belles
Ce roi des preux, je le soutien,
    Se battra bien,
    Aimera bien,
Il soumettra les plus rebelles ;
    Il boira bien,
    Et sera bien
Guerrier, grand prince, homme de bien !

CHŒUR.

Se battra bien, etc.

(Après le chœur, les troupes présentent les armes, la musique militaire joue.)

LE COMTE D'ANGOULÊME.

Si ta prédiction se vérifie, le règne d'un tel prince sera celui du bonheur. (A un second signal de l'astrologue, paraît le

tableau représentant Louis XIV ; on entend l'air : *Que de grâces, que de majesté!*)
Que vois-je encore ? Jamais traits ne brillèrent de plus de génie et de majesté !

L'ASTROLOGUE.

AIR *des Filles à marier.*

Réunissant tous les genres de gloire,
Ce roi puissant verra ses étendards
Partout au loin portés par la victoire ;
Son règne heureux sera celui des arts.
La France alors comme au tems où nous sommes
Nommera grand son prince respecté ,
Et c'est suivi d'un peuple de grands hommes
Qu'il marchera vers l'immortalité.

CHŒUR.

La France alors comme , etc.

(La musique joue, et les troupes présentent les armes.)

LE COMTE D'ANGOULÊME.

Un règne aussi glorieux sera le désespoir des règnes à venir. (A un troisième signal de l'astrologue, on aperçoit le tableau représentant Louis XVIII ; et l'on entend l'air du *Chant français.*) Quel est ce nouveau prince ? L'esprit et la douceur sont empreints sur son front.

L'ASTROLOGUE.

AIR

Dans trois cents ans ce roi , nouvel Auguste ,
Du monde entier attirant les regards
Méritera le beau surnom de Juste
Sera servi par de nouveaux Bayards :
Ce prince bon , sur la rive étrangère
Loin des Français trop long-tems retenu,
Et désiré comme le meilleur père ,
A ses enfans enfin sera rendu.

LE COMTE D'ANGOULÊME.

Père de son peuple !... Ah! voilà le titre qu'un roi doit le plus ambitionner. Eh bien! ta science divinatoire est-elle épuisée ?

L'ASTROLOGUE.

Pardonnez-moi, Monseigneur, je crois entrevoir encore....., (d'un ton inspiré) oui, sous le règne du roi sage dont vous voyez les traits :

AIR :

Un prince, un autre d'Angoulême,
Chef adoré de cent mille soldats,
Vole, au péril de ses jours même,
Rendre un monarque à ses heureux états,
De palmes son front se couronne
De ses guerriers il est l'amour...
Qui sait si bien défendre un trône
Est digne d'y monter un jour.

LE COMTE D'ANGOULÊME.

Un autre d'Angoulême, dis-tu?

BAYARD.

Ah! Monseigneur, je vois que ce nom-là est fait pour la gloire. (On entend des troupes et des fanfares.)

LE COMTE D'ANGOULÊME.

Qu'entends-je ?

BAYARD.

Ce sont, mon Prince, vos braves troupes qui viennent présenter à leur général leur respect et leur amour, et le féliciter de ses nouveaux succès.

LE COMTE D'ANGOULÊME.

Je n'oublierai jamais que c'est à leur courage que je les dois.

(Fête militaire, tableau général.)

C'est assez, mes amis, allez prendre le repos dont vous avez besoin ; et comptez sur la justice de votre prince pour récompenser votre zèle et votre courage.

(Il sort avec ses grands officiers ; les troupes défilent sur les pas du Roi au son d'une musique guerrière.)

SCÈNE V, ET DERNIÈRE.

LE PAGE, MAROT, ANTONIO, MARIA, VICTOIRE, HABITANS DE GÊNES, ET SOLDATS.

MAROT.

Allons, mes amis, à présent que le respect ne vous retient plus, abandonnez-vous à l'élan de votre cœur, et vive la joie !

ANTONIO.

C'est ça, chantons, dansons, et surtout n'oublions pas la santé du Roi.

VICTOIRE.

Un instant, ça me regarde ça la partie des liquides...
(Elle va prendre des verres à sa cantine, et les distribue.) Et j'dis qu'c'est moi qui régale ! (Elle verse.)

ANTONIO.

A la bonne heure ! mais demain, ça s'ra mon tour. A la santé du roi !

TOUS.

Vive le roi ! (*Victoire verse encore.*)

MAROT.

A notre prince généralissime et à la brave armée
qu'il commande !

TOUS.

Au généralissime ! à notre brave armée !

MAROT.

Allons, Victoire, le service est rude aujourd'hui ;
pas d'interruption !

VAUDEVILLE.

AIR : *Tape, frappe.*

CHŒUR.

Zeste
Et preste,
D'une main leste
Débouchons,
Versons,
Et trinquons.

MAROT.

Par la douce paix réunis,
Français, Génois, chantons Louis.
Aujourd'hui notre cœur lui donne
La double couronne ;
Le roi qui pardonne
Mérite, ma foi,
D'être doublement roi !
Zeste, etc.

LE PAGE.

Naguère vos rocs et vos monts
Répétaient le bruit des canons,
Louis, éteignant son tonnerre,
Vous dit : Plus de guerre,
Et plus de barrière ;
Alpes, Apennins
Redites nos refrains,
Zeste, etc.

ANTONIO, à Maria.

J'voudrais si j'dois avoir ta main,
Qu'ça fût plutôt ce soir que d'main,
Maria, j'ten donne l'assurance,
Dans notre alliance
N'crains pas d'inconstance,
Mon cœur est à toi
Tout comme il est au roi !
Zeste, etc.

MARIA.

Tout en croyant à ta bonne foi
Je tremble et je ne sais pourquoi ;
On dit qu'chacun l'jour du mariage
Signe d'être sage
Au sein d'son ménage...
Mais si tu m'trompais
Je n'sais pas c'que j'te ferais !
Zeste, etc.

VICTOIRE.

En f'sant ma ronde au tour du camp
Si d'joyeux propos m'attaquant,
Quequ'luron s'en vient et m'accoste,
Je suis ferme au poste,
Prompte à la riposte,

Et faisant d'mi-tour
Moi, je lui dis, l'amour...
Zeste, etc.

LE PAGE, au public.

Lorsque Mars décore un guerrier
De la couronne d'olivier,
Ne recommencez pas la guerre ;
Avec le parterre
La paix nous est chère ,
Ah ! de notre cœur
Dissipant la frayeur,
Zeste
Et preste ,
D'une main leste
Soyez prets
A signer la paix.

CHŒUR.

Zeste, etc.

FIN DU SECOND ET DERNIER ACTE.

DUO,

Que l'on peut placer dans la scène du Page et de Maria, au premier acte, en supprimant la scène en prose depuis l'astérisque qui indique cette variante.

Ils vous disent : « Tu m'as su plaire ;
» Je veux t'aimer, et pour ma vie entière. »

MARIA.

Et que faut-il répondre ?

LE PAGE.

Rien ;
Ils prennent votre main....

MARIA.

Fort bien ;
Alors que faire ?

LE PAGE.

Rien, ma chère ;
Vous voyez leurs yeux s'enflammer
Du feu secret qui les agite.

MARIA.

Moi, je ferme les miens bien vite.

LE PAGE.

Non, baissez-les sans les fermer.

MARIA.

Comme cela ?

LE PAGE, à part.

Qu'elle est jolie !
(Haut.) Puis on s'enhardit.
Et puis on vous dit :
« Auprès de vous passer ma vie
» Serait mon désir le plus doux. »

VARIANTE.

MARIA.

Quelle folie !

LE PAGE, *tombant aux genoux de Maria.*

Puis on se jette à vos genoux.

MARIA.

Mais c'est une plaisanterie !

LE PAGE.

Ensuite l'on veut déposer
Sur votre main un doux baiser. *(Il le prend.)*

MARIA.

C'est alors qu'il faut me défendre.

LE PAGE.

Non, vous pouvez le laisser prendre.

MARIA.

Et pourquoi donc le laisser prendre ?

LE PAGE.

Mais si, bravant votre courroux,
Dans un accès d'extravagance,
On cherchait un baiser plus doux,
Comme celui-ci, voyez-vous, *(Il l'embrasse.)*
Cela pourrait tirer à conséquence ;
Mon enfant, défendez-vous bien.

MARIA.

Oui, oui, je me défendrai bien,
Je vous réponds qu'ils n'auront rien ;
Ah ! voilà donc comme ils s'y prennent !

LE PAGE.

Oui vraiment.

MARIA.

C'est charmant ;
Qu'ils y viennent
Maintenant !

LE PAGE.

On n'est pas plus docile
Que cette enfant là,
Ah ! vraiment bien habile
Qui l'embrassera !

MARIA.

Quelle leçon utile
Vous me donnez-là ;
A présent, bien habile
Qui m'embrassera !

DE L'IMPRIMERIE DE PILLET AÎNÉ, RUE CHRISTINE, Nº 5.

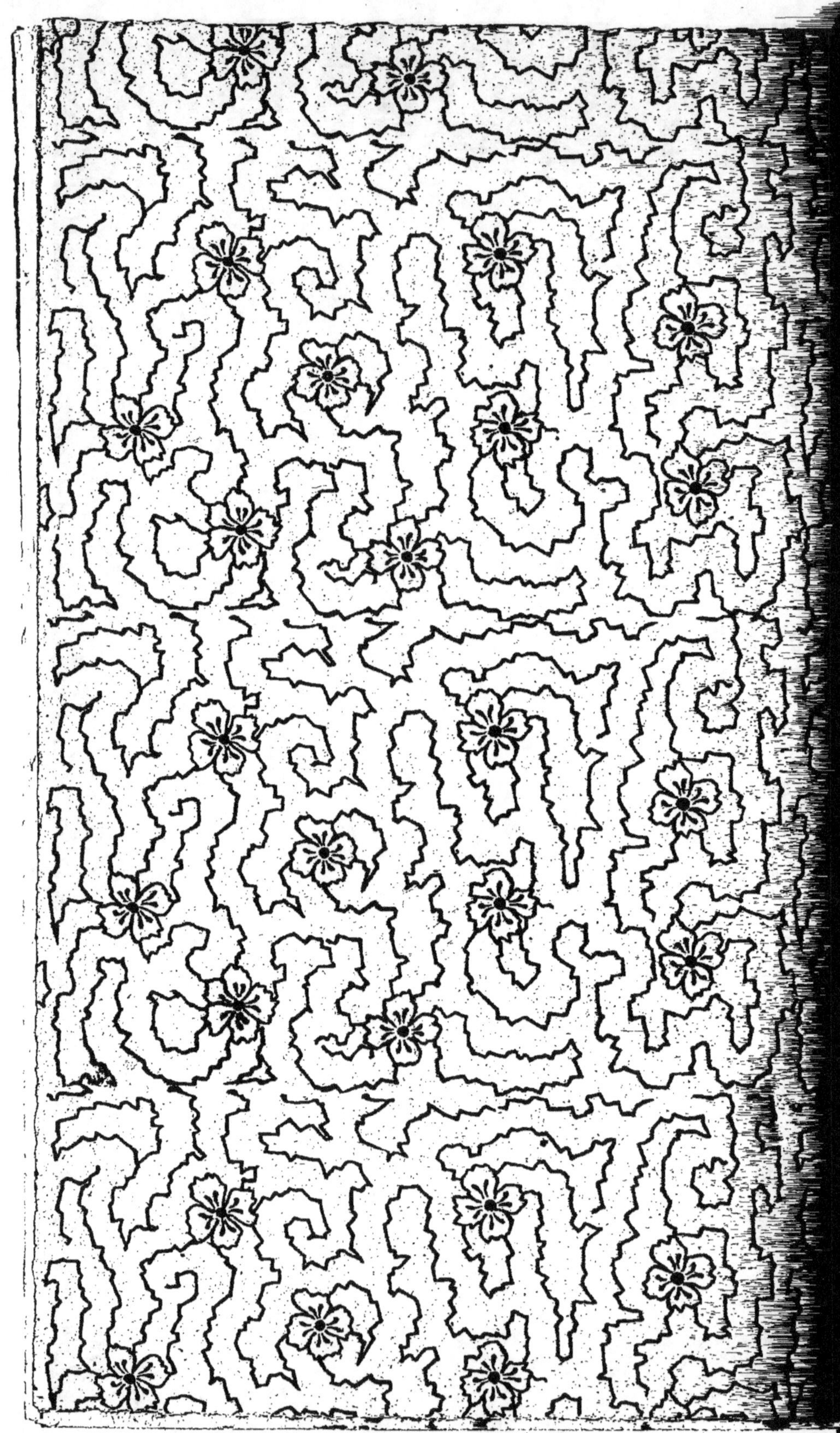

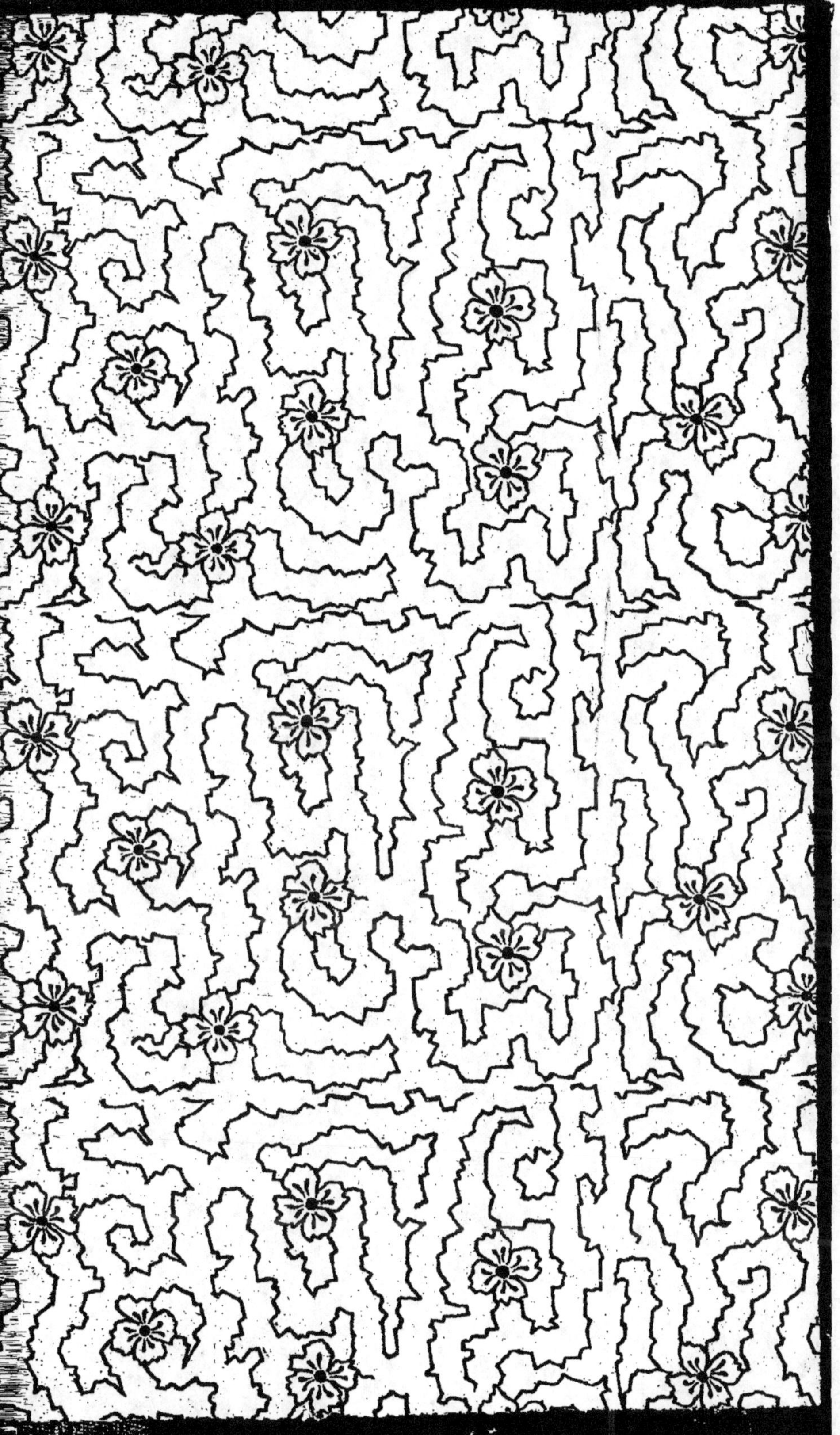

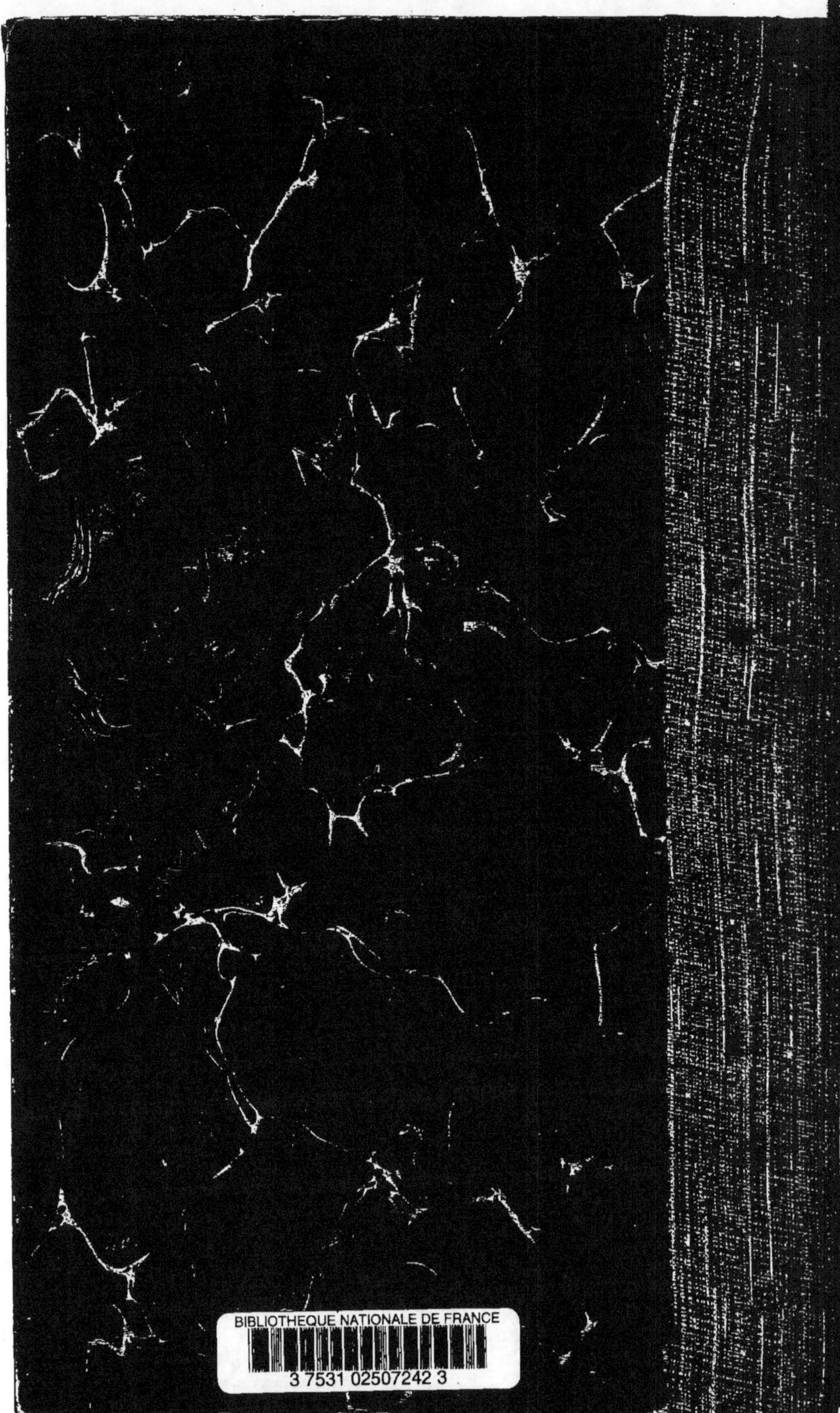